提高篇

遥控飞机绝技攻略

北京磨铁童盟文化传媒有限公司 编著　　连环画出版社

翼飞冲天

孟飞

自幼跟随爸爸飞翔在蓝天的少年，拥有驾驭风的特殊能力。

易璇

翼飞冲天队队长，热心且要强的女孩子。

范小天

　　动手能力极强，经常为队友维修损坏的直升机。

天军号 AIR FORCE

卓翼

　　经过学校培训的遥控高手，因为不赞成暴力比赛，和搭档高冲分道扬镳。

空翼号 SKY WING

肖明

看似弱小，
却是绝佳的参谋
型遥控手。

光明号
LUMINOUS

高冲

憎恨遥控直
升机比赛的少
年，一心想要以
暴力比赛来毁灭
遥控界。

SKY-DASH

目 录

　　孟飞和沈潇发生了争执。出于对爸爸孟全名誉的维护，孟飞向沈潇提出了挑战。

　　沈潇是强敌，孟全深知孟飞用普通的招数恐怕很难取胜，于是针对孟飞的技术特点，设计了特殊的招式——野槌蛇弹跳法。

　　野槌蛇弹跳法是将直升机下降到几乎接近地面的位置，抬起机头，瞬间开足马力，使直升机往前弹飞。

　　孟飞在与沈潇的比赛中巧妙运用了野槌蛇弹跳法，在超低空飞行中骤然跃起，将沈潇远远甩在了后面。

野槌蛇弹跳法

航空与模型的关系（1）

　　在飞机出现之前，人类曾制作过很多飞行器的模型，不断探索着飞行的奥秘。人类先后发明了木鸟、孔明灯、风筝等模型，尝试飞上天空。这些小小的模型对后来飞机的发明有着极为重要的影响。其实，就是在飞机发明之后，模型仍然是研究飞行必不可少的工具。每一种新型飞机的试制，都要先用模型在风洞里进行试验，就连航天飞机这样的航空器，也必须经过模型试验，取得一系列的数据，才能在数据的基础上改进和生产。正是有无数模型的牺牲，今天的航空航天事业才得以顺利进行，并得到日新月异的发展。

　　眼看沈潇已经没有办法追上孟飞了，沈潇却不慌不忙。他和孟飞飞到一条直线，机头对准孟飞的机尾，高呼一声："毒刺！"只见沈潇的蝮蛇号发出闪光，一道光芒飞烁而出——他发射了机载导弹！

　　孟飞没有防备，傲飞号机身被飞来的导弹击中，失去了平衡，迅速坠落。沈潇则轻松自如地飞过了终点线，赢了这场比赛。

　　导弹是新型直升机携带的专用攻击性武器。这样一来，遥控直升机不仅在速度上竞争，而且在机载武器的开发和技术训练上也开始竞争。

沈潇的秘密武器

航空与模型的关系（2）

　　如今，随着模型飞机设计水平的发展和提高，尤其是无线电遥控模型飞机设计的日趋完善，模型飞机在更多领域有了用武之地。目前，模型飞机已经广泛应用在摄影、农业、娱乐休闲等方面。此外，模型飞机在普及飞机知识、培养飞行人才等方面也起到了重要作用。许多著名的飞机专家，从小都对模型飞机有着难以割舍的情怀。

小天看到沈潇用导弹击落了孟飞的一幕，对导弹的威力神往不已，于是开始自己着手制造导弹发射器，装备在他的"天军号"上。

易璇不信邪，向小天提出挑战。于是，小天和易璇在遥控场展开了一场比赛。

小天尾随在易璇机后，突然发射导弹，击中了易璇的机身。易璇躲闪不及，飞速坠落。幸好小天抢救及时，用天军号起落架搭住易璇的直升机，旋风号才免受灭顶之灾。

遥控飞机绝技攻略

航空与模型的关系（3）

　　现在，航空模型运动不仅仅是一项科技活动，同时成为了一项著名的体育运动，更是一项非常有意义的休闲活动。在国外，航模运动有着"最高尚的户外运动"的美誉。为了推动航空事业的发展，1905年10月，国际航空联合会在法国成立。它下设国际航空模型委员会，主要负责制定航空模型竞赛规则，组织国际航空模型竞赛活动。中国也是国际航空联合会的成员。

易璇虽然被击落，但是依然口中不服输，提出机载导弹数量有限，一旦导弹没有击中，就完全失去获胜的机会。

小天将飞机再度改进，一口气装备了八枚导弹。结果直升机载重过大，马达超负荷，根本无法起飞。

卓翼在配件研究所找来了超强动力马达，果然带动了天军号。然而，这种不成熟的马达在运行中过热，使天军号失控，不但不听遥控器指挥，还胡乱发射导弹！大家都手忙脚乱，纷纷躲避。

伤不起的马达

马达

　　马达即电动机，又称电动马达，是一种将电能转化成机械能，并可再使用机械能产生动能，用来驱动其他装置的电气设备。马达的工作原理是通过磁场对电流受力的作用，使之运转。

　　马达按使用电源的不同可分为直流电动机和交流电动机。直流电动机的好处为在控速方面比较简单，但此类电动机不宜在高温、易燃等环境下操作。交流电动机则可以在高温、易燃等环境下操作，而且不用定期清理碳刷的污物，但在控速上比较困难。

天军号悬在空中胡乱发射导弹，情形十分危险。肖明发现天军号的下腹空虚，最容易接近，连忙将这一情况告诉孟飞。孟飞通过肖明的指点，飞到天军号下方，发动了"时空旋风"。

孟飞在这里发动"时空旋风"是为了改变天军号附近的气压。失控的天军号受到影响后，不再在原地悬停。随着飞行角度的倾斜，天军号自动坠落。

天军号的威胁终于解除了。不过，经过这场风波，这架直升机基本上已经报废了。

失控的天军号

模型飞机的乐趣

　　不要小看小小的模型飞机，这里面包含的东西可不少。首先，它包含了众多学科的知识，有物理、数学、美学、加工工艺等学科；其次，它可以使人掌握很多技能，对个人综合素质的提高有着非常好的作用。

　　飞机驾驶员可以体验到令人羡慕的驾驶乐趣，而模型飞机的玩家则可以同时体验到"设计、制作、操纵、竞技"等多种乐趣。与模型飞机结缘，你可以是设计师、工程师，也可以是飞行员，而且还是后勤保障人员，可谓集多种角色于一身。

小天家开的修理厂来了一辆古典车，车头上的老鹰标志因为意外被压成了废铁。翼飞冲天队队员们决定去废铁场寻找合适的配件。

他们在通往熔炉的传送带上发现了老鹰标志，但是标志眼看就要掉进熔炉了，关键时刻，孟飞操纵遥控直升机救起了它。熔炉里喷出的热风使傲飞号难以平衡，标志不慎掉落，幸好卓翼操纵空翼号及时接住。接着，光明号、旋风号和傲飞号联合起来，为空翼号阻挡热风，终于将标志抢救出来。

熔炉救件

什么是F3C？

　　F3C是由FAI国际航空联盟组织制定的一种专业航模比赛考试，并分为P科目和F科目作为初赛和决赛使用。

　　比赛时，遥控直升机由2米直径的圆形区域内起飞，飞入H定点。H定点由直径为1米和3米的同心圆组成，操控玩家距离定点为9米。共有5位裁判，水平分布于选手后方6米的位置。

　　F3C动作包含有垂直起降、空中悬停等10多种规定动作，比赛评分以所做动作的稳定准确性来评判。F3C飞行也被称为技术飞行。

范小天的爸爸给他买了一架新型机，自身带有导弹发射装置。小天主动将新机拿出来，供大家试玩切磋。

在新型机的遥控器上，多了一个导弹发射按钮。但是，发射导弹并不是那么好操作的。大家在场内试着攻击多边形框架中心，孟飞、易璇、卓翼和肖明的射击都偏离了目标，只有小天发发命中。

原来，遥控直升机的射击视角和普通射击视角不一样，空中瞄准的难度要大得多。小天因为掌握了诀窍，才能够百发百中。

新天军号试飞

遥控飞机绝技攻略

高手必练青蛙跳（1）

　　"青蛙跳"是学直升机飞行的必不可少的动作（以油动遥控直升机为例说明）。

　　把油门摇杆慢慢从最下方推到将近中央位置时，你会有一种感觉，飞机似乎要浮离地面了。这时候，稍微向上推油门摇杆，使机体离地，接着马上把油门摇杆慢慢往下拉。如此不断地浮起、降下，重复，再重复地练习。这个动作就被称为"青蛙跳"。

高冲和小天在河边进行了一场射击比赛。他们先将飞机飞到河对岸，然后往回飞向空中悬挂的标靶，以先击中算胜利者。

这场比赛不单是技术的比拼，更是遥控直升机性能的争夺。小军的是标准配置版，而高冲的是组装版。高冲的冲刺号增强了威力却加重了机身，这就导致其飞行速度要滞后于新天军号。

小天抢先到达预定位置，朝标靶发射导弹。虽然高冲的导弹很快，但胜负只在一瞬间。小军的导弹先击中标靶，而冲刺号导弹却在标靶的晃动中射空，惜败。

高冲与小天之战

遥控飞机绝技攻略

高手必练青蛙跳（2）

在练习这个动作的时候，一定要注意飞机的飞行姿态。如果飞机一直向前跳，那么就需要把升降舵的中立点微调下拉。相反，如果飞机一直向后跳，那就需要把升降舵的中立点微调向上推。然后观察左右跳的方向，如果飞机向左跳，就需要把副翼微调往右扳；如果飞机向右跳，那么就需要把副翼微调往左扳。

冲刺号因为加重了机身，对飞行速度造成较大影响。针对这一缺点，沈潇提出将导弹发射与"横扫千军"技能相结合的方法。即在飞机机身高速旋转的情况下，将直升机自身旋转的回转力转化为导弹的推动力，这样一来，导弹在速度和威力上都有所增进。

不过，在发射时机和瞄准方面，对个人技术的要求就更高了。

导弹发射与横扫千军

高手必练青蛙跳（3）

　　在练习"青蛙跳"的时候要注意，遥控直升机的离地距离不要低于50厘米（不要低于自己的膝盖高度）。假如不够这个高度，在突然往下拉油门的时候，直升机很可能直接触地。

　　通过这个动作的练习来熟悉遥控直升机性能，是遥控玩家从菜鸟变为高手的必由之路。因此，一定要认真对待每一次练习。

在卓翼还是小孩的时候，有个很淘气的同学小军经常无故欺负他。高冲为了保护卓翼，设计让小军退了学，小军因而对他们怀恨在心。这一次，心怀怨恨的小军出现了，向卓翼和高冲提出挑战。为了对付小军，卓翼和高冲准备练出"双重飓风"！

施展"双重飓风"的时候，两架直升机以螺旋式交替上升下降来飞速前进。由于急速飞行，使中央的气流高速旋转，从而控制被围直升机。一旦解除束缚，被控制的直升机会骤然脱出，因为速度的迅速改变而失控坠落。

在战斗中，高冲为了掩护卓翼而被小军带刺的直升机损伤机体。关键时刻，孟飞遥控傲飞号赶到，和他们一起使出"三重飓风"，终于击败了小军。

三重飓风

遥控飞机绝技攻略

高手必练青蛙跳（4）

在练习"青蛙跳"的过程中，即使玩家认为自己足够小心，反应也跟得上，但还是难免发生摔机情况。这是什么原因引起的呢？

在大多数情况下，玩家的摔机悲剧是因为打错舵而导致的。很多初学者在打错舵之后，本能反应是紧急拉下油门摇杆，想让发动机进入低速状态。由于动力骤减，遥控直升机的上升力不够，从而导致坠落。

为了推广以速度见长的新高速型机，制造厂家举办了一场争夺赛。翼飞冲天队队员踊跃参加，争夺赛并非是技巧的争夺，更在于直觉和运气。

到了"胆量大比拼"，孟飞和易璇为了获胜使出全身解数。比赛预先设定了一堵墙，墙上有两个按钮，谁先按到按钮谁就获胜。

如果速度太快，飞机会撞到墙壁导致机体损坏，因而在靠近墙壁时需要减速。孟飞决定施展站立飞行的技术，易璇通过对新机型的了解，决定用空中飘移的技巧。

最终，易璇战胜了孟飞。

站立飞行对战空中飘移

高手必练青蛙跳（5）

要想在"青蛙跳"练习飞行时避免摔机，要做到以下几点：

1.让机体与地面平行，并做出垂直于地面的起降姿态，此时注意着陆的动作。

2.让机体缓慢地上升，缓慢地下降，一定要控制好节奏。

3.可以尝试着让飞机稍微以向前滑行的方式着陆。（如果玩家能熟练地做到保持垂直姿态，可以不予考虑。）

4.最好逆风飞行（机头迎着风吹来的方向）。

老婆婆年轻时将一封有纪念意义的信件放在了山洞里，但是现在山洞已经成了鹰巢。孟全决定指挥孟飞、卓翼和肖明联手将信件从山洞里取出来。

在孟全的策划下，孟飞操纵傲飞号将老鹰从巢穴中引出。卓翼则发射导弹吸引老鹰的注意力。这时，肖明乘遥控直升机进入山洞取出信件。

取信的整个过程一气呵成。老婆婆终于如愿以偿，实现了自己的心愿。

遥控飞机绝技攻略

高手必练青蛙跳（6）

　　对于遥控直升机玩家来说，基本功的练习极其重要。要想熟悉直升机的操作性能，必须反复练习重复的基本动作，将要领牢记在心里。这样一来，在不久的将来，一定有机会成为真正的遥控直升机飞行高手！

　　在观看飞行比赛的时候，我们常常发现一些玩家虽然能够做出很多特技动作，却疏于基本功的练习。在实际的竞赛中，他们的飞行总是给人一种基础不扎实的感觉，就像直升机随时都会坠机一样。这样的玩家，即便是能玩出花样来，动作也不优美。这样的人，是不能称作高手的。

　　翼飞冲天队队员只剩下孟飞没有装备新型机了。孟全虽然买回了新型机，但他要求孟飞用旧直升机追上新型机，才能得到这架新型机。

　　孟飞全速开动，却连相对较慢的新攻击型直升机也追不上，更别提高速型直升机了。

　　在和高冲的对练中，孟飞发现：在绕过铁栏时，将飞机起落架巧妙地搭在栏杆一侧，绕栏旋转后能在瞬间提升速度。

　　在比赛中，孟飞果然追不上孟全。然而，在快到约定时间的最后一刻，孟飞成功地通过绕栏回转加速，赢得了比赛。

回转螺旋

遥控飞机绝技攻略

什么是暴力3D飞行？

　　暴力飞行是遥控直升机飞行中最为疯狂的一种。直升机可以在空中进行全方位转体，动感十足，极具观赏性。不过暴力飞行的危险性也比较高，特别容易坠机，对直升机的配置（一般需要6通道）和玩家的技术水平要求非常高。

　　暴力飞行有很多特别的花样，其中最常见的招数有"暴力小彩虹""超低空翻滚""副翼钟摆"等。

　　暴力飞行与技术飞行（F3C）是有区别的，而且已经成为一种独立的飞行类型。由于它的观赏性强，已经成为一种流派，并且有相应的比赛。

　　孟飞在与老鹰的对练中，练成了"时空旋风转弯"，他飞行的速度越来越快。沈潇了解后，决定用心理战干扰孟飞的情绪。

　　比赛前，沈潇暗示孟飞：如果取胜，将有朋友受到伤害。孟飞听后心情慌乱，无法发挥正常水平。直到高冲向孟飞说出实情，孟飞才稳定自己的情绪，向优胜发起冲刺。

　　一个真正的运动员，必须有不受外界干扰的钢铁意志。沈潇的做法有悖于比赛道德，但世上什么人都有，同样有各种干扰，要想胜利，必须让自己从精神到技术都保持最好的状态。

心理战

遥控飞机绝技攻略

什么是3D遥控直升机？

　　所谓3D飞行，就是指遥控直升机可以全方位飞行，包括横、竖、上、下、前、后、正飞、倒飞等动作。

　　这里所指的直升机倒飞，不是倒退着飞行，而是整个直升机体倒转，用机腹朝向天空的飞行。能够进行3D飞行的直升机，都有一定的配置要求。同轴双螺旋桨的直升机实际上是入门级的遥控直升机，一般是3~4通道，是不能进行3D飞行的。

翼飞冲天

　　翼飞冲天队队员的新型机，有的是高速型，有的是攻击型。但这两种机型哪种性能更优越，大家各有各的意见。在大家都争执不下的时候，最终解决的办法只有一个——用比赛来分输赢！

　　易璇和小天在河边上演了一场猫捉老鼠的大战。易璇利用飞机轻巧敏捷的特点，在河边石头间穿梭，干扰了小天的瞄准。然而，小天找准了一个机会，向天空发射，使导弹的射击弹道成为抛物线。这样一来，导弹越过了障碍物，从上方击中了易璇的直升机。

抛物线攻击

遥控飞机绝技攻略

套机与RTF版

　　套机是指到手就可以飞行的遥控飞机。套机是已经装配、调试好，而且所有的设备遥控器等都配备齐全的遥控直升机，买到马上就可以试飞。

　　RTF是英文Ready To Fly的缩写，翻译成中文即"到手就能飞"，与套机是一个意思。

　　对于新手来说，最好按照自己的需求购买遥控直升机配件，由自己来组装。这不仅锻炼了自己的能力，对遥控直升机的构造有清楚的认识，而且价格也会便宜一些。

　　沈潇和热身场店长也进行了一场对战。

　　当沈潇从后面发射导弹的时候，店长扬起机身后部，让导弹贴着直升机底盘滑过（该机机身上涂有躲避导弹的特殊润滑油）。与此同时，他的直升机向前翻滚，使导弹随之改变方向。

　　店长的直升机做了个前滚翻的动作，而导弹也转了个方向，转而回射向沈潇的蝮蛇号。

　　沈潇措手不及，被自己的导弹击中，不得不认输。

神奇的倒空翻

遥控飞机绝技攻略

模型飞机的常用术语（1）

1. 翼展——机翼（尾翼）左右翼尖间的直线距离。（穿过机身部分也计算在内。）

2. 机身全长——模型飞机最前端到最末端的直线距离。

3. 重心——模型飞机各部分重力的合力作用点称为重心。

4. 尾心臂——由重心到水平尾翼前缘四分之一弦长处的距离。

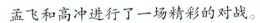

孟飞和高冲进行了一场精彩的对战。

孟飞在起步时使出了"时空旋风转弯"赢取速度的优势，高冲要想败中取胜，必须用导弹击中孟飞。

高冲使出了沈潇教的回转螺旋飞弹，让冲刺号像陀螺般旋转，逐渐加快速度，然后在旋转的同时发射导弹！借助转弯的转动力，导弹以惊人的速度飞向孟飞的傲飞号。

导弹来得太快，孟飞知道傲飞号的性能不足以完成空翻，于是同样采用了回转螺旋的动作。他以机主轴为圆心，旋转机尾，成功避开攻击，率先到达终点！

横扫千军的攻防

模型飞机的常用术语（2）

5. 翼型——机翼或尾翼的横剖面形状。
6. 前缘——翼型的最前端。
7. 后缘——翼型的最后端。
8. 翼弦——前后缘之间的连线。
9. 展弦比——翼展与平均翼弦长度的比值。展弦比大说明机翼狭长。

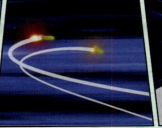

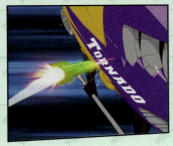

翼飞冲天队队员们一起来到卓翼家，试验改良型导弹。这次技术改良行动由范小天来策划。

导弹的改型有三种。第一种为贯穿型导弹，威力极大，但质量大，无法集中目标。第二种为高速型导弹，射击速度极快，但质量过轻，对对手几乎没有影响。开发的第三种叫尾式导弹，在射出后一分为二，并能探测直升机的马达声，自动调整方向，追踪遥控直升机将之击落。

试验的结果却差强人意：尾式导弹的自动制导功能虽然强大，但是当其中一枚导弹击落对方后，另外一枚会回头将发射导弹的直升机击落。

改良型导弹

遥控飞机绝技攻略

方向练习

　　1. 将遥控直升机保持在悬停状态。

　　2. 前后左右扳动方向操纵杆，遥控直升机会以旋翼中心为转轴向相应方向旋转。松开方向手柄，机头会停在当前位置。

　　3. 当遥控直升机机身旋转时，上（或下）层旋翼转速会降低，升力会下降。因此在转动时左右要相应加一点油门，保持飞机的高度。

翼飞冲天队收养的流浪猫遇到了泥石流，情形十分危急！关键时刻，沈潇遥控直升机将绳梯投落到受困猫儿附近的大石头上。但因为土质疏松，救护的消防队员依然无法靠近猫儿。

关键时刻，记者为翼飞冲天队提供了摄像头。在摄像头提供的精确画面中，孟飞和沈潇精诚合作，两架直升机并肩吊起吊篮，终于将受困的猫儿救出。

定位救助

遥控飞机绝技攻略

四边航线飞行

　　1. 起飞后达到1.5米时平飞，保持直线飞行3~5米后，向后拉操纵杆让飞机进入悬停。调整方向，让直升机转90度，按新的方向再推杆前进3~5米。

　　2. 重复前述两个动作，让遥控直升机经过四个转向点，做4个90度转弯，四段直线，最后飞回原来的悬停点。

邻居老婆婆生病了，孟飞的妈妈准备为她做药膳补充营养。于是，孟全带着孟飞等小伙伴到地狱沼泽寻找重要的食材——放电泥鳅。

他们将钓丝拴在直升机上，飞到深水区垂钓。可惜的是，想钓的放电泥鳅不来，奇奇怪怪的动物倒是纷纷上钩。

遥控直升机拿来钓泥鳅，原本这个想法也太另类……你如果有遥控直升机，会拿来做这种试验吗？

直升机钓泥鳅？

紧急滑跑起飞

　　1. 将遥控直升机置于较光滑的地面或比较大的桌面上，机尾对着操纵者。

　　2. 缓推油门，让旋翼加速运转，但先不要离地。

　　3. 此时再将右手操纵杆推向前，机头下沉，直升机以起落架前端为支点向前滑动。

　　4. 在滑跑的过程中推油门杆，使飞机离地开始飞行。

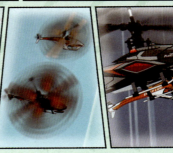

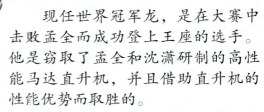

现任世界冠军龙，是在大赛中击败孟全而成功登上王座的选手。他是窃取了孟全和沈潇研制的高性能马达直升机，并且借助直升机的性能优势而取胜的。

遥控直升机比赛中，不仅仅在于技术，其性能往往也有着决定性的作用。

孟全的失利，是在最后一个障碍前，直升机加速性能逊色而失去了卫冕的机会。

性能之争

四面八方

　　接滑跑起飞动作，在空中保持目视高度对尾悬停，向左（或向右）扳动方向操纵杆，使机身绕自身轴线转动，分别在90度、180度、270度、360度四个点位各悬停3秒钟。然后反方向扳动操纵杆，分别在45度、90度、135度、180度、225度、270度、315度、360度各悬停2秒钟。

47

　　孟全为了能够克制龙，悄悄找到了卓翼的爸爸，一起开发了一种新型机。新型机的马达功率设定非常大，但设计不成熟，留有很多隐患：当飞机加速到百分之百时，机身会因为无法承受马达的振动而剧烈摇晃，时间长了甚至会导致机体损坏。孟全虽然知道它不稳定，但已经没有足够的时间进行研究了。

　　孟全决定冒险启用新型机，只是在使用时间上加以严格控制。

超负荷的马达

鲤鱼打挺

　　将遥控直升机横卧于地面，左手快速推油门，以旋翼转动的力量将机体撑起，恢复站立姿态。此时马上收油门到底，再稍推油门以悬停的方式垂直起飞，保持目视高度悬停，空中转体180度，保持目视高度进行对尾悬停练习。

49

世界冠军龙在起飞时总是慢人一步，但是他在赶超前面的直升机时，前面飞行的直升机会纷纷偏离轨道或者坠落。

孟全意识到龙的遥控直升机安装了经过改造的空气炮。这种空气炮是利用旋翼的旋转力，在机身内部储存压缩空气，然后通过机头下方的小孔发射出来。龙用这种方法，专门攻击前面选手的尾翼而使对手混乱或坠机。

隐蔽的空气弹

遥控飞机绝技攻略

空中巡逻

在做过鲤鱼打挺的练习之后，保持目视高度进行对尾悬停，由悬停点出发，保持直线飞行3~5米后，向左或右打方向，让遥控直升机机头转270度，倒飞前进3～5米后，向左（或右）打方向，让遥控直升机头转270度，倒飞前进3～5米。重复前述两个动作，让遥控直升机经过4个转向点，做4个270度转弯，四段直线，最后飞回原来的悬停点。

　　小军喜欢用旁门左道毁伤对手的直升机。在预赛中，他故意用旋翼攻击肖明和小天，导致两人机体受损而退出比赛。

　　在第二场比赛中，卓翼和高冲决定联手对付小军。一开始，卓翼和高冲的直升机并排前行，引诱小军进攻。当小军前进攻击时，两架直升机避开锋芒，转为两面包夹，随即以小军为中心开始旋转飞行，掀起旋转气流控制小军的直升机。

　　之后，两架飞机脱离原轨迹，凭借离心力高速前进。而小军的直升机在包夹转动下失去平衡，脱离赛道后坠落。

遥控飞机绝技攻略

圆周飞行

　　继空中巡逻之后，从目视对尾悬停点开始，向前推操纵杆，使直升机低头向前飞行，在前飞的同时，右手需（向左或向右）微调修正方向，使飞行轨迹尽量呈圆周型。回到悬停点后，在原地做180度调头，再反方向进行一次圆周飞行。在整个飞行过程中，高度尽量保持一致，左手需随时增补油门以保持高度。

53

在分组比赛中，易璇发现龙在用空气炮使坏。龙听到她的谈话，决定在她完全识破自己之前将她淘汰出局。在预赛中，龙故意飞到易璇的旋风号背后，企图用空气炮暗算易璇。

易璇在之前得到孟全的指点，早有防备。当龙从后面接近的时候，易璇果断使出梯云纵，避开了空气炮的攻击。

克制空气炮的梯云纵

龙卷风

1. 空中巡逻动作结束后，遥控直升机返回起飞点，保持目视高度，进行对尾悬停。

2. 向左或向右扳动方向操纵杆，左手稍加油门，使直升机一边绕自身轴线旋转，一边上升到3米以上的高度。

3. 在上升过程中注意要随时操纵杆修正机身姿态，保持机身水平。

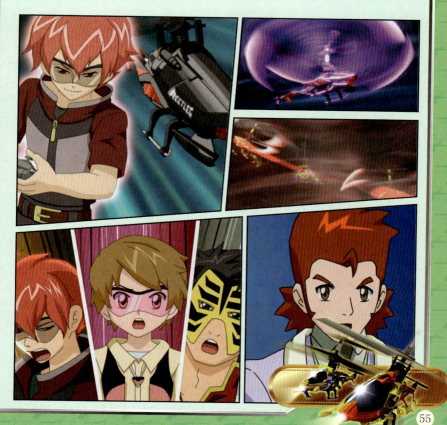

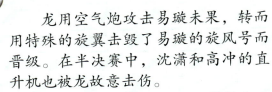

　　龙用空气炮攻击易璇未果，转而用特殊的旋翼击毁了易璇的旋风号而晋级。在半决赛中，沈潇和高冲的直升机也被龙故意击伤。

　　原来，龙的直升机的旋翼带有可伸缩的加长刀片。在需要攻击的时候，他会按动按钮，使刀片突然弹出，对其他选手进行偷袭。对于这个设计，龙自信满满。他决定在决赛中再度使用，用这一招将孟全父子一举击败。

加长的旋翼

天斤坠

1.做完龙卷风动作后，将遥控直升机保持在3米的高度，进行对尾悬停。

2.将油门杆急收到底，使遥控直升机旋翼停转，并呈自由落体状态下坠。当直升机下坠到距地面2米左右时，急推油门，改变下坠姿态，并及时回复对尾悬停姿态。

3.再重复一次龙卷风的动作，第二次机尾按反方向旋转。上升到3米后，油门杆急收到底，让遥控直升机底部与地面相贴。

孟全和孟飞联手使出时空旋风，同时提高了遥控直升机的速度。与此同时，小天注意到龙的模型机主旋翼和附加部分之间的交接比较脆弱，并将这一发现告诉了孟飞。

龙不断旋转特殊旋翼，迫近孟全和孟飞。而孟飞和孟全保持相同速度，合力对抗龙的攻击。模型机的的延伸旋翼在两架直升机的合力下折断，丧失了攻击力。

然而，意外发生了：模型机附加翼折断时飞出的碎片，重创了孟全的直升机，导致其坠机！

联手制敌

遥控飞机绝技攻略

1. 从目视对尾悬停点开始，向前推操纵杆，使直升机低头向前飞行。在前飞同时，右手需微调修正方向，使飞行轨迹尽量呈8字形。回到悬停点后原地转向180度在反方向做一个8字，在整个飞行过程中高度尽量保持一致，左手需随时增补油门以保持高度。8字动作完成后，从悬停点缓慢下降高度，控制好油门。当起落架一碰到地面，马上推油门将飞机升起，回到目视悬停点。

2. 机头在目视悬停点转90度，向左（或向右）做直线飞行，直线飞行过程中缓慢下降高度，起落架遇到地面后马上将飞机升起。到航线远端后，机头调转180度，再做一次蜻蜓点水动作，然后回到目视悬停点。

龙的延伸旋翼虽然折断，但他并不甘心失败。面对超前的盂飞，龙调转空气炮，向后发射空气弹，以惊人的速度向前推进。这种创意来自于喷气式飞机原理。

龙在短短的时间内提高了速度，迅速接近盂飞。然而，过快的速度使龙在穿越障碍框架时难以闪避，以至于被框架间的电流击中。而技术高超的盂飞凭借之前取得的优势，第一个到达终点，最终取得了大赛的冠军！

转攻击为速度的空气炮

定点降落

自对尾悬停点开始，缓收油门下降。在下降过程中，将直升机机头调转180度，以对首悬停姿态落地。在地面的停机坪为直径25厘米的圆周，正中有"H"标记。操纵直升机降落在停机坪内，且机身要与"H"标记的两条长边平行。直升机落地时不能反跳或翻倒。

61

结束语 —— 练习是必要的

　　遥控直升机运动虽然惊险、刺激，但是玩儿好需要持之以恒地练习，你做到了吗？

　　想要在飞行技术上有所进步，有三个方法。第一，练习；第二，再练习；第三，反复练习。没有努力，就没有收获。要知道，一些飞行高手在练习的时候，一天能消耗掉8公升的燃油。

　　不管你从事什么职业，不管你如何忙碌，要想成为飞行高手，必不可少的练习是必须的，一个星期至少也要抽出3个小时练习飞行。

　　那些遥控直升机像"青蛙机"一般跳动的初学者们，只要经过坚持不懈的练习，用不了多久，一定能成为让直升机长时间飞行在空中的遥控高手！

图书在版编目（CIP）数据

遥控飞机绝技攻略. 提高篇 ／ 北京磨铁童盟文化传
媒有限公司，广州奥飞文化传播有限公司编. —— 北京 ：
连环画出版社，2012.5
（翼飞冲天系列丛书）
ISBN 978-7-5056-2167-1

Ⅰ．①遥… Ⅱ．①北… ②广… Ⅲ．①模型飞机（航
空模型运动）－青年读物②模型飞机（航空模型运动）－
少年读物 Ⅳ．①G875.3-49

中国版本图书馆CIP数据核字(2012)第084275号

中国美术出版总社动漫出版中心　荣誉出品

编　　著：北京磨铁童盟文化传媒有限公司

总 策 划：向　成

执行策划：杨　柳

责任编辑：李　滢

特约编辑：陈　硕　张　莱

封面设计：唐亚鹏

美术制作：长沙悦舟文化传播有限公司

排版设计：杨小春

责任印制：刘　毅

连环画出版社出版发行

地　　址：北京市北总布胡同32号　　邮编：100735

电　　话：010-65122616

北京磨铁图书有限公司

北京磨铁童盟文化传媒有限公司　　**总经销**

地　　址：北京市西城区德胜门外大街83号德胜国际中心B座10层

印　　刷：小森印刷（北京）有限公司

销售电话：010-84242008

版　　次：2012年5月第1版　2012年5月第1次印刷

开　　本：889mm×1194mm　　1/32

印　　张：4

书　　号：ISBN 978-7-5056-2167-1

定　　价：23.60元（全2册）